# だめなら逃げてみる

## 自分を休める225の言葉

小池一夫

「逃げ出す」というとネガティブに聞こえますが、
「脱出」だと思えばいいのです。
脱出は人生に幾度も必要になります。

# まえがき

自分の人生の正しい答えがわかり、
その通りに行動できたら、どれだけ人生は楽でしょうか。

しかし、たとえ自分の人生に起こることすべてを教えられたとしても、
それでも間違った道を選んでしまうことがあるのが人間という生き物なのです。

人生の正解を求めながらも、正しい答えが得られるとは限りません。
その正解を求める間に、間違った道に迷い込んでしまうことはよくあることです。

そして、どれだけ遠くに行ってしまっていたとしても、
間違った道だとわかれば、引き戻すしかないのです。
しかし、それは簡単なことではありません。

時には逃げ出してみる。時には頑張ることを休んでみる。時には忘れてみる。

逃げ出さないことは確かに立派だけれど、
逃げ出さなくてはならない時は確実にあります。

そして、逃げ出した自分を決して責めないでください。
また正しい方向へ一歩進むための、休息なのですから。

小池一夫

＊本書は著者のTwitter（@koikekazuo）より
225の言葉を厳選し、
一部表現などを改め編集したものです。

もくじ

## Ⅱ 自分自身について

### 鈍感になるな、限界を知れ

## Ⅲ 人との繋がりについて

### 誰かの望む人間になる必要はない

## Ⅳ　思考と行動について

### 自分の役割はもっと自由でいい

## V 生きることについて

### 言い訳する人生はもうやめた

## VI 前に進むことについて

いっそやってしまったほうが楽

## VII 幸せについて それだけで十分

# I

# 不安と悩みについて

## だめなら逃げてみる

# 自分の身を守れるのは自分しかいない

「自分の身は自分で守る」と常に意識していないと、
物事が悪いほうに進んでいても鈍感になりがちだ。
誰かがどうにかしてくれるだろうという
甘い考えは捨てるべき。
誰かの「大丈夫」にすがりたくなるけれど、
自分の身を守れるのは自分しかいない。
結局は、自分自身を信じるしかない。

# 自信をなくそうとする人からは距離を置く

人生がつらくなる最も大きな原因の一つが
「自信をなくすこと」だ。
自信をなくしている自分は脆く弱い。
なんにでも傷つき、さらに自信を失う。
だから、あなたの周りで、
あなたの自信をなくそうとする人がいたら、
今すぐに距離を置くのだ。
自分の言いなりにしたいか、
潰そうとしているかどっちかだから。

3

不安と悩みについて

# 誰かの身勝手な感情に操られない

感情の制御力が弱い人は存在する。
そして、感情は伝染する。
悪い感情を制御できない人からは離れるのだ。
その人の感情に自分の感情が影響される。
誰かの身勝手な感情にコントロールされるのは、
自分の人生がもったいない。

# 悪意を無視する

悪意を向けてくる人は無視していいんだよ。
嫌な思いをしたり傷ついたりしたら、
正に相手の思うつぼ。
これは、過去のことも同じ。
過去のことで今苦しんでいたら、
今の自分がもったいない。
悪意のある人に、やさしいあなたが負けるはずがない。
悪意のある人は自分自身も
悪意に毒されて苦しんでいる人だから。

# 係わらない 1

「一緒にいるべきではない人」は、
人生に確実にいる。
一緒にいてその時は楽しくても、
あとから考えてみると、
自分がしんどかったり、損ばかりしたり。
後味の悪い人には近づかないに限る。
近づかなければ係わらずに済む。
たとえその人が肉親であれ、近しい人であれ、
心の距離感・態度の距離感をとるのだ。

# 離れたら
# 悪口を言わない

そして、「一緒にいるべきではなかった人」から
離れたあとは、その人の悪口を言わないこと。
それはまだ、その人に拘泥《こうでい》している証拠だし、
その人と同じレベルにまだいるということだから。

7

不安と悩みについて

# 潔くあれ

色々な執着を捨てて、潔い人になりたいと思う。
潔い人であると決めたら、
余計な心配のタネが消えて気持ちがスッと軽くなる。
あきらめることとは違う。
ただ、潔くあろうと思う。

8

不安と悩みについて

# 深追いしない

誰かに何かを求めても、
得られなかったのなら、深追いすべきではない。
なぜなら、その人は、
自分の求めるものを持っていないか、
持っていても提供できない理由があるからである。
愛でも、ものでも、なんであっても。
人生には「上手にあきらめる」ことが必要な時もある。
執着は人間関係をこじらせるだけ。

9

不安と悩みについて

# 自分ではない
# 誰かにまかせる

自分はこんな人間だし、
こういう生き方しかできない。
人よりも劣っているところもあるが、
そこは、自分ではない誰かにまかせる。
全部、自分が人よりオールマイティーに
勝っている必要はない。
僕が劣っているところは、
あなたにお願いします。
あなたが不得意なことで
僕が引き受けられることもありますから。

10

不安と悩みについて

# 一人でなんとかしようと思わない

「やり直せるチャンス」は、生きている限りある。
ちょっとしたことから、大きなことまで、
自分がその気になればやり直せる。
繰り返してしまう時もあるけれど、やり直せる。
そして、気をつけなければならないのは、
一人でなんとかしようと思わないこと。
人に頼ることは、
やり直す時に、とても大事なこと。

# 11

不安と悩みについて

## すべて完璧に
## やろうとしない

すべてのことを完璧にやろうなどとは
考えないようにしています。
頑張るけれど、完璧はあり得ないのだと
気持ちを楽に持っていると、
何かとうまくいくなというのが実感です。
今日も頑張りながらお気楽に。

12

不安と悩みについて

# 迷わず
# 助けを求める

苦しいことや、しんどい時は、
はっきりと「私は苦しい」と意思表示をすべきだ。
「大丈夫?」と訊かれて、大丈夫じゃないのに、
笑顔で「大丈夫、大丈夫」と答えて
逝ってしまう人はたくさんいる。
見栄やプライドもあるけれど、
本当に苦しい時は迷わず人に助けを求めるのだ。
その声は誰かに届く。

# 13

不安と悩みについて

## 努力の方向を間違えないように

すごく単純な人生の結論なのだが、
自分が得意ではないことは、
基本的にやらなくていい。
自分の不得意は、誰かの得意なことで、
その人にまかせればいい。
努力の放棄ではなく、
努力の方向を間違えてはいけないということ。
このしんどい人生を少しでも楽に生きるコツ。

# 毎日、全力で生きない

毎日、毎日、全力で生きるのは疲れてしまう。
体調や心の状態を見ながら、
本気出したり休んでみたり……。
なぜか、今日の僕は「本気」の日です。
さて、頑張りますか。

## 15

不安と悩みについて

# 無駄に苦しまない

自分に与える人生の課題は、
やさしすぎても難しすぎてもだめ。
頑張っていたら
いつかクリアできるというくらいがいい。
人生を無駄に苦しんでいる人は、
そもそも問いが間違っている。
正しい答えが出せるはずもない。

16

不安と悩みについて

# 恐怖から
# うまく逃げる

「怖い人」の存在は必要だが、
その人は敬意を持って怖い人でなくてはならない。
ただ、ビクビクと怖れなくてはいけないだけの怖い人は、
あなたにとって必要な人ではない。
恐怖を土台にした人間関係は、
結局うまくいかない。
うまく逃げるのだ。

17

不安と悩みについて

# サボると錆びていく

人生をサボるのと、休むことは違うよ。
サボるのは怠けだし、休むことは絶対に必要なこと。
他人から見たら一見同じように見えるかもしれないし、
自分でも焦ってしまったりするけれど。
休むと決めたら、じっくり休む。
見分け方は、サボったら自分が錆びていくし、
休むことは回復していく。

## 18

不安と悩みについて

# 逃げることは
# 悪いことではない

もう、何もかも面倒くさくて、
何もかもから逃げ出したい時がある。
そういう時、僕は本当に逃げます。
具体的には、小さな旅に出ます。
ほんの半日でいいのです。
今いるところから逃げるのです。
そして、また、日常に戻る。
「逃げること」は、悪いことではありません。
小さな旅、おすすめです。

# 壊れる前に、すぐに逃げる

体の不調は、医者と相談しながら
治すことができるが、
心がぶっ壊れたら、治療は年単位。
いや、十年単位。
心がぶっ壊れそうになったら、すぐに逃げるのだ。
逃げる体力と気力があるうちに。
壊れてからでは、人生が変わる。

# 逃げてから

逃げてから、生きて、
生きてから、再び戦え。

21

不安と悩みについて

# 自分で自分を
# 間違えない

ほんと、取り返しがつかないぐらい
体や心を壊した時に、
休みをとることを悪く言った人たちは
責任なんかとってくれないよ。
その人にとっては甘えに見えても、
自分にとってはギリギリってよくあること。
自分の心の強さと弱さは、
自分でさえも間違う。
「自分は自分で守れ」

22

不安と悩みについて

# 人の言う「大丈夫」に頼らない

人の言う「大丈夫」に頼ってはいけない。
相手がそう言ったからと、
すがってしまい思考停止ではなく、
あくまでも一意見として聞き、最終判断は自分。
なぜなら責任をとるのは、
その大丈夫と言った人ではなく自分だから。
「大丈夫」の言葉に頼るのは楽だけど、
自分の判断はもっと大事。

23

不安と悩みについて

# 失礼な人は
# 相手にしなくていい

「失礼な人は相手にしなくていい」
というルールを自分でつくるのだ。
失礼な人というのは、
最初から自分とわかり合おうということを
放棄しているし、人に失礼であることを、
己で良しとしている程度の者なのだから。
このルールを決めておかないと、
うっかり挑発に乗ってしまったり、
傷ついてしまったりする。

24

不安と悩みについて

# 小さい罠に引っかからないように

あのですねえ、
昨日、ちょっと嫌なことがあったんだけど、
よく考えてみたら、
人生においてたいしたことじゃなかった。
危ない、危ない、深刻に考えそうになってたわっ！
こういう小さい罠って生きているとたくさんあるので、
いちいち引っかからないように。

25

不安と悩みについて

# 嫌われて生きればいい

「皆に好かれる必要はない」
この言葉で、
どれだけ人間関係のストレスが減るだろうか。
そして、同じ人と人でも、ある時はうまくいき、
ある時はうまくいかないこともある。
誰でもそうである、そう割り切ってしまうのだ。
さて、今日も好かれて、そして嫌われて生きればいい。

26

不安と悩みについて

# 無駄に好かれよう なんて思わない

人の嫌いには二つある。
「理由があって嫌い」と「感情で嫌い」。
理由があって嫌いな時は直せばいいけれど、
もう感情で嫌いと言われたら、
無駄に好かれようなんて思わないこと。
たとえ良いことをしても否定され続ける。
感情で人を嫌いになったり、嫌われた時は、
理屈抜きで距離を置くのが正解。

# 27

不安と悩みについて

## 小さな日常を楽しめる感性と余裕を持つ

終わりなき日常が一生続くことへの不安。
平穏な日常が一生続かないことへの不安。
相反する不安を抱えて生活している。
これって、日常の小さな変化に気がつき、
それを楽しむこと以外に解決策はないんだよね。
小さな日常を楽しめる感性と余裕を持つ。
生きる楽しさは、小さな日常の変化を楽しむこと。

28

不安と悩みについて

# ちゃんと逃げ場をつくっておく

皆さん、ちゃんと人生の「逃げ場」をつくっていますか?
特に若い人に言いたいのだが、
逃げ場をつくっておかないと人生は本当に苦しい。
苦しくなった時には、
すでに逃げ場をつくる気力も体力もない。
だから、順調な時から逃げ場をつくっておくのだ。
きつい場所から動けなくなって石になってしまう前に。

29

不安と悩みについて

# 仕事でなく
# 人生を選ぶ

「選ばなければ仕事はいくらでもある」
みたいなことを若者に言う年長者がいるが、
それは間違っている。
仕事は、選ぶ権利があるのだ。
死ぬまでやりたくもない仕事で
身も心もすり減らせと言うのですか？
「仕事は選ばなくてはいけない」
仕事を選ぶということは、
人生を選ぶということなのだから。

30

不安と悩みについて

# モチベーションに頼らない

人生が詰んでるなあという時に、
自分を変えなくてはなどと、
いつ湧くかわからないモチベーションに頼るのは、
絶対にやめるべきです。
人生詰んでる時にモチベーションなんて湧きません。
どうするか?
仕事を変える、住むところを変える、
付き合う人間を変える。
具体的に環境を変える機械になるのです。

31

不安と悩みについて

# 苦労で自分を歪めない

苦労して人間性が磨かれるというようなことはない。
苦労が人を育てるということもない。
できることなら余計な苦労はしないほうがいい。
しかし、苦労のない人生はないので、
その苦労をどう生かすのかで人生の質が変わる。
苦労で自分を歪めないこと。

32

不安と悩みについて

# 自分の性質に逆らわない

生きていれば自分の性質がわかる。
そして、それに逆らうのをやめるのだ。
約束が苦手なら、最初から
約束しないでゆるやかに人と繋がる。
片づけが苦手なら、最初から
ものを増やさないでおくというふうに。
結局、持って生まれた性質は変わらないので
性質に自分を合わせるのがいちばん生きやすい。

33

不安と悩みについて

# 人生と戦う大人になる

いじめによって、
その後の人生に影響を受けた人が本当に多い。
知り合いの子どもも、
人生そのものが変わってしまった。
しかし、いじめた者より幸福になることが
いちばんの復讐なのだ。
そして、あなたはもう子どもじゃない。
人生と戦える大人なのだ。

34

不安と悩みについて

# 言葉に
# 支配されない

言った当人が、
三日で言ったことを忘れているようなことで、
自分を三年も、三十年も苦しめるな。
他人のネガティブな言葉に自分が支配されるんじゃない。
自分を喜ばせてくれた言葉こそ、
死ぬまで覚えておくのだ。

# 35

不安と悩みについて

# 心のよりどころを他人に求めない

心のよりどころは、常に自分でなければ、
心は安定しない。
心のよりどころを他人に求めると、
その人に振り回される。
自分の救済者は、
自分自身しかいないのだと覚悟を決めること。
それが心の安定に繋がる。

36

不安と悩みについて

# 不安の正体

あるミステリー作家はこう言った。
「読者は必ず犯人を当てる。
なぜなら出てくる登場人物全員を
必ず一度は疑うから」
これは、僕たちの不安と同じで、
取り越し苦労の人は、たまたま不安が的中すると、
ほら、不安は当たるのだと思い込む。
心配するな不安の９割は起こらない。
不安の正体などそんなもの。

# 戻っておいで

本当に心が荒《すさ》みきってしまう前に、
戻っておいで。
帰り道がわかっているうちに。

# 38

不安と悩みについて

## 「今は、休み」でいい

以前、「心を病んで、薬を飲んで寝るばっかりです」
という返事が来たことがあるのですが、
何かやりたいと思えるまで寝てればいいよ。
そのうち、寝てることにも飽きます。
やらなければならない、
というプレッシャーを持って長い時間を過ごすのは、
心身を蝕む。
「今は、休み」でいいんだよ。

# 逃げるのが最善策だと判断したら逃げる

自分に良からぬことが起きた時、むやみに、
泣かない、わめかない、逃げない、と決めている。
感情的に泣きわめいては余計に感情が混乱するだけだし、
反射的に逃げ出しても問題が消えてなくなるわけではない。
そういう時こそ、まず立ち向かう。
そして逃げるのが最善策だと判断したら逃げる。
冷静さを失うことがいちばんの悪手。

# 心の病気のシグナルとして

家をきれいにしたら、誰かを招きたくなるでしょう？
素敵な服を買ったら、誰かに見てほしいでしょう？
その基本中の基本が、風呂です。
本当にしんどい時は、どうにか風呂に入る。
身ぎれいで清潔であれば、飯を食べに外に出られる。
外に出たついでに、
ちょっとした身の回りの買い物ができる。
人に会うハードルが下がる。
人と繋がるのって、まずは風呂。
冗談みたいな話だけれど、
本当に人と繋がる第一歩は風呂。
逆に、風呂に入るのがしんどいというのは、
心の病気のシグナルだと思っている。
僕の経験、実感として。

41

不安と悩みについて

# 自分の観察を怠らない

「自分の変化に気づく」ことは意外に難しい。
ほんの少しずつの変化だから、自分が気づいた時には、
自力では修正できない事態になっていたりする。
そうならないためには自分の「観察」を怠らないこと。
気がついたら、すぐに軌道修正すること。
今日も、自分自身を観察する一日に。

42

不安と悩みについて

# 縛られない

「縛られない」が、僕の人生のモットー。
学校、仕事、勉強、
例を挙げればいくらでもあるが、
好きでないことはやらなくていい。
好きなことではないのに頑張っても、身につかないし、
自分は幸せではない。
努力をやめるということではない。
もっと、自由になってもいいんだよということ。

# 43

不安と悩みについて

# 自分にあるもので生きていく

「自分にないものを求めない」
ことを受け入れるだけで、
ずいぶんと楽に生きられます。
努力して得られる結果は、
自分の中にあったものを磨いたからです。
しかし、どうあがいても自分にないものは
どうしようもないと潔くあきらめるのです。
さて、今日も、自分にあるもので生きていきます。

44

不安と悩みについて

# 心をぎゅうぎゅう詰めにしない

心の調子が悪い時って、
気持ちの切り替えが上手にできていない。
うまく切り替えるためには、
心の中を、悩みや不安で
ぎゅうぎゅう詰めにしてはいけない。
何か楽しいこと、豊かなこと、
やさしいことが入り込める空間を空けておくのだ。
今日は、うまく気持ちを切り替えると決める。

**45**

不安と悩みについて

# 悩み事を抱えながら、楽しく

悩みごとの解決方法は、
もちろんその原因がなくなることですが、
その悩み事は悩み事として存在するけれど、
他の楽しいことを充実させることで
その悩みを薄れさせるのです。
自分の全部がその悩み事に支配されるのではなく、
一部なのだと考えるのです。
さて、今日も、悩み事を抱えながら
楽しくやりましょうか！

# Ⅱ

# 自分自身について

## 鈍感になるな、限界を知れ

46

自分自身について

# 自分らしさを制限して
# 窮屈に生きない

他人が自分に持っているイメージに縛られて
自分らしさを制限することほど窮屈な生き方はない。
自分らしく生きている姿が自分自身。
他人のかけている色眼鏡の色まで
気にしながら生きていかなくてもいいんだよ。
それで離れていく人は、
所詮それぐらいの関係だったのだ。

# 47

自分自身について

## 人の評価で
## 自分を評価しない

自分を信じていない者が多すぎる。

自分が自分を信じていない者を、
誰が信じるというのか。

「自分は、自分を信じる」。

人からの評価によって、自分を評価しないこと。

48

自分自身について

# 自分に気を遣う

食事、睡眠、休養が少しずつ足りないだけで、
体が徐々に弱っていく。
それに加えて、ストレスによって心も弱ってしまう。
そして、愛が足りないことで、大きく弱ってしまう。
人は弱い生き物なんだよなあとつくづく思う。
逆に言えば、少し自分に気を遣うだけで
ずいぶんと楽な生活が送れるよ。
まずは自分。

# 49

自分自身について

## 億劫という感情

自分の中で「億劫」という感情が溢れている時は、
やっぱり、心が弱っている時だなと思う。

50

自分自身について

# 余裕を持つと決める

人がどんな人に惹かれるかというと、
「余裕のある人」だと思う。
そりゃ、生きていくって大変なことばかりだけど、
それでも余裕を失わない人は魅力的だ。
どうすれば余裕が持てますか？
なんて訊かないでね。
余裕を持つ人間になる！
という決心をするだけだよ。

# 51

自分自身について

## そのぶん
## 強くやさしくなる

誰かを弱いやつだなあと思うぐらいなら、
その分自分が強くなればいいし、
あの人意地悪いなあと思えば、
自分がやさしくなればいいだけのこと。

# 52

自分自身について

## ほっとけ

他人の価値観を認める必要はない。

ただ、人それぞれ価値観が存在することを
否定するなということ。

それが、自分に害をもたらさないのであれば、

「ほっとけ」。

# 53

自分自身について

## 世間

「世間がそんなこと赦すわけないでしょう」
みたいな言い方をする人は、
たいてい、世間＝自分。

# 54

自分自身について

## 傷つくのをやめる 1

「なんでもないことに傷つく」のをやめるのだ。
世の中には、
人を傷つけるのが楽しい残念な者がいる。
そんな者の思うつぼになるな。
鈍感になれというのではなく、強くなれ。
なんでもないことに傷つくことが、
自分の性格になってしまう前に。

55

自分自身について

# 傷つくのをやめる 2

「なんでもないことに傷つく」のをやめるのだ。
この傷つきやすさって癖になってしまうと、
なかなか治らなくなってしまうから。
傷ついて落ち込んでいる時に、
ふと我に返ると、
たいしたことじゃないなと思うことはたくさんある。
無駄に自分を傷つけないぐらいの強さを持たないと。

56

自分自身について

# 個性的な人は、個性ありきではない

真に個性的な人は、
個性的になろうとは思わない。
個性的であろうと思うこと自体が、
個性がないということである。
真に個性的な人は、
普通にしていても個性が滲み出てしまうものなのだ。
そして重要なのは、
基礎や型を十分に身につけてはじめて個性が出てくる。
先に、個性ありきではない。

57

自分自身について

# 面倒くさささを相手に押しつけない

人と人が友達になる時には、
人と付き合う面倒くさささは当然ある。
それを「自分はコミュ障だから……」と言い訳にして
その面倒くさささを相手に押しつけていては、
そりゃあ、友達はできないよね。
コミュ障という便利な言葉を使って、
人付き合いの面倒くさささを相手に押しつけないこと。

# 伝わるように

「言葉」と「態度」。
どちらか一つでは、
相手には伝わらないよ。
両方必要。

59

自分自身について

# 自分の性格に注意する

自分の性格の悪さは、
意外に自分では気づかない。
なぜなら、人を不快にさせるその性格にも
自分なりの言い分があるから。
性格の悪さは、放っておくとどんどん増していく。
特に大人の世界は、
いちいちその人のために忠告してくれることは少なく、
静かに離れていく。
人が離れ始めたら自分の性格に注意だね。

60

自分自身について

# 自分のよりどころは、自分でしかない

自分がしんどい時に、頼る人やものは必要だ。
それは、友であったり、
憧れの人であったり、趣味であったり、
自分を楽にしてくれるのならなんでもいい。
だが結局は、
「自分のよりどころは、自分でしかない」
ということを忘れないこと。

61

自分自身について

# 負け犬の遠吠え

自分の経験から言っても、
不安でビクビクしている時のほうが、
人に対して攻撃的になる。
理屈っぽくなる。
言い訳が多くなる。
そして、それは、他人から見たら、
負け犬の遠吠えだとばれている。

62

自分自身について

# 自分を楽しませる

他の人を楽しませるためだけに
自分の人生があるわけじゃない。
自分が楽しむことに、自分の人生がある。
だけど、人を楽しませることが、最も自分を楽しませる。

63

自分自身について

# 自分が自分を認めてあげる

自分が自分を認めていないと、
他人に認められたいという欲求にすり替わる。
過度に他人に認められたいと思っている人は、
人に利用される。
利用されていることを認められたと勘違いする。
出発点は、自分が自分を認めてあげること。

64

自分自身について

# 「悩み」ではなく「惰性」にならないように

何かで悩んでいる人は、
ほとんどの人が最良の解決方法を知っている。
ただ、面倒くさいからやらないだけ。
逆に言うと、解決方法知っているのにやらないことは、
もはや悩みとは言わない。
それは「悩み」ではなく「惰性」。

65

自分自身について

# 今の自分は「結果」

今の自分は、
昨日の、先月の、昨年の、若い時の、
「結果」だと思って生きている。
つらいことも、楽しいことも。
生きてきた「答え」が今の自分。

66

自分自身について

# 持って生まれた性格を大切にする

持って生まれた性格を尊重して生きることが、
最高に幸せに生きる条件だと思う。
のんびりした人、せっかちな人、
穏やかな人、気の強い人……、
お互い尊重して生きていく。
自分の得意なことで人を助け
不得意なことで助けられる。
今日も、自分の持って生まれた性格を
大切にしてみます。

67

自分自身について

# 自分の性質を他人に押しつけない

自分の持って生まれた性格は変わらない、
人それぞれの個性だから受け入れるしかない。
ただ、自分の性質を他人に押しつけてはだめだ。
おおらかな人もいれば神経質な人もいる。
自分の個性や性質を、
他人にも同じレベルで求めないこと。

# 自分磨き

自分に起こる何かを、
「自分を傷つける嫌なこと」ではなく
「自分を磨くこと」と考える。
生きていれば、絶対に何かにぶつかったり、
つまずいたりするので、
それでいちいち傷つくのではなく、
自分を磨くことだと考える。
ものは考えようです。
今日も、自分磨きです。

69

自分自身について

# 人生の
# ブレイクスルー

人生には「ブレイクスルー」な人に
出会うことや出来事が必ずある。
大きなことから小さなことまで、
自分の限界を突破してくれる人や出来事。
そして、自分がブレイクスルーしたあとは、
他人にとって自分自身が
突破口になれるように成長するのだ。

70

自分自身について

# 情熱は一時のこと。残りは敬意で持続する

出会いの最初の頃の情熱は次第に冷めていく。
その代わり、きっといつまでも
一緒にいて飽きないだろうなあ、
嫌いじゃないなあぐらいの暖かい気持ちに変わる。
そして、この人を失いたくないという感情に昇華する。
長く続く関係ってそんな感じ。
情熱は一時のこと、
残りは相手に抱いた敬意で持続するのだ。

71

自分自身について

# 好きなことを好きなように

何かをやってもやらなくても、
成功してもしなくても、
やさしくても意地悪でも、
少数派でも多数派でも、
男でも女でも、子どもでも大人でも、
何者であっても、
ぜーーーったいに、
必ず何か文句をつけてくる人はいるので、
皆、自分の好きなことを好きなようにすれば良い。
誰かのための人生ではないので。

# 72
自分自身について

## 自分の限界を知る

自分の限界って、
じわじわ来るというよりも、ある日突然来る。
じわじわしている間は苦しいけれどまだマシで、
行く道を変えたり、やめてしまったりできるけれど、
昨日まで大丈夫でも、今日が限界だったりする。
自分の限界を知ること。

Ⅲ

# 人との繋がりについて

## 誰かの望む人間になる必要はない

73

人との繋がりについて

# 係わらない 2

人間関係の不快感は、結局のところ
つまらない人間と係わってしまったことへの
嫌悪感なのだ。
自分に与えられた時間は有限なのだから、
どれだけつまらない人間と係わらないか、
また、係わっても気分を変えられるかどうか。
いかに人と係わるかも大事だけど、
いかに係わらないでいるかというのはもっと大事。

74

人との繋がりについて

# 卑屈にならず、
# あくまでも対等に

人間関係で悩むことは多いけれど、
意外と単純なことなんだよ。
自分に好意を抱いてくれている人に、
人は好意を抱く。
だから、自分のほうから相手に好意を抱けば、
相手も自分に好意を抱いてくれるもんだよ。
気をつけなければならないのは、
どんなに好意を抱かれたくても、
卑屈にならず、あくまでも対等に。

# 75

人との繋がりについて

## 人間関係を
## 難しく考えすぎない

人間関係を難しく考えすぎないことは大事なこと。
キーワードは「敬意」。
敬意を持てる好きな人には好きだと言おう、
どんどん言おう。
だからと言って、敬意を持てない嫌いな人に、
あなた嫌いですよと宣言する必要はない。
「沈黙」は学ぶべき社交術の一つ。

## 76

人との繋がりについて

# 距離感を意識する

僕の年になると、
逢いたさ募っても、
もう会えなくなった人たちがたくさんいる。
若い人たちは、変に自意識過剰に陥らず、
会いたい人には会いたいと、
好意がある人には好きだと、
素直に行動するべきだと思う。
とにかく、人は人と出会わないことには
何も始まらないよ。
そして結局、人と人の「距離感」なんだよね。
相手がズズイと踏み込んできたら、自分が下がってみる。
相手が、妙に自信なさげに引っこんだら、
自分からあえて歩を進めてみる。

で、自分を疑ってみたら、
睡眠不足だったとか、
お腹空いてイライラしてたとか、
誰かと喧嘩した感情を引きずっていたとか、
体調悪いとか、
意見を言い合う以前の問題だったりする。
感情が揺れている時の理由って、
すごく単純だなあというのが実感。
自分が怒りっぽい時は、気をつけなくちゃなあ。
だから、嫌いな人がいる、人に嫌われている、なんて、
それほど気にすることじゃないよ。

# 自分を疑ってみる

年をとって特に気をつけているのだが、
誰かと話をしていて
「あれ、おかしいぞ？」と感じたら、
相手がおかしいのではなく、
自分がおかしいのではないかと、
まず一呼吸置いてみる。
相手がおかしいこともあるのだが、
自分が考え足らずの時もけっこうある。
「自分を疑ってみる」ことも必要だなあと思う。

78

人との繋がりについて

# 「待っている人」から「行く人」になる

世の中「待っている人」と「行く人」がいて、
圧倒的に待っている人のほうが多いと思う。
「友達になろうよと言ってくれないかなあ」
「好きですと告白してくれないかなあ」と待っている人。
それは、少数派の「行く人」のほうが
圧倒的に有利なわけで、
「待っている人」は、「行く人」になってみようよ。
世界が変わるよ。

## 79

人との繋がりについて

# 精神が落ち着いている人に敬意を払う

「精神が落ち着いている人」
を僕は心から尊敬する。
しかし、それは、一瞬一瞬平穏な人であろうと
努力している人たちである。
皆、それぞれに事情を抱えている。
親の介護かもしれないし、
自分の病気かもしれないし、
いじめにあっているのかもしれない。
それでも、人に当たり散らさず穏やかな人に敬意を払う。

80

人との繋がりについて

# 嫌いな人のことを考えない

何かを表現する時に、
「きっとこんな反発が来るんだろうな」と想定して、
それに対応した言い訳を表現に織り込んだ時点で、
それは己の表現ではない。
表現者としていちばん恐ろしいのは、
自分の表現を好きでいてくれる人のことよりも、
自分のことが嫌いな人間の存在を、
始終考えてしまう癖がつくことである。

81

人との繋がりについて

# 好きな人のことを考える

【80】は、創作について書いたけれど、
これは、人と人の関係にも当てはまる。
自分を好きでいてくれる人のことよりも、
自分のことが嫌いな人間の存在を
気にしすぎる癖がつくことは、
人生において大きな損である。
嫌いな人のことを考えるより、好きな人のことを考える。
失ったものを嘆くより、今手元にあるものを大切にする。
できない言い訳を数えるより、できることを数える。
そして、究極は、
生きるつらさを思うより、生きる幸せを思う。
こう考える癖をつけると、世界は変わる。

82

人との繋がりについて

# 言葉が乱れている時は
# 人間関係も乱れている

「言葉遣いを大切にすると、人間関係も大切なものになる」
というのは僕の究極の、
しかも単純な人間関係の結論です。
言葉が乱れたり、砕けている時は、
その人との人間関係も乱れていて砕けています。

83

人との繋がりについて

# 外見で判断することも必要

外見は内面のいちばん外側だし、
言葉は心のいちばん外側なので、
見かけや言葉遣いで
その人を判断するのは間違っていない。

# いちばん大事な人には

いちばん大事な人って、
いちばん身近にいて、
いちばん一緒にいる時間が長いから、
いちばん言ってはならないことを
言ってしまったりする。
いちばん大事な人には、　いちばん大事な言葉を。

# 自分で決める

自分が好きな人のことを、誰かが悪く言う。
自分が嫌いな人のことを、誰かが褒める。
それで、気持ちの揺らぐような自分は情けない。
人を好きになることぐらい、
人を嫌いになることぐらい、
自分で決めろ。

86

人との繋がりについて

# 大きすぎる期待には応えなくていい

人を好きになるということは、
その人に期待をするということ。
できることなら、相手の期待に応えてあげたいけれど、
自分の人生は人の期待に
応えるためだけにあるわけじゃない。
だから、人に対する期待が大きすぎる人には
気をつけるのだ。
勝手に期待して、勝手に失望して、
勝手に嫌いになって去っていく。

# 87

人との繫がりについて

## 会いたい人

会いたいけれど、
会わないほうがいい人もいる。
会ってはいけない人もいる。
せつないけれど。

# 88

人との繋がりについて

## 憎むまで
## 嫌いにならない

嫌いな人と、好きな人がいる。
誰でもそうである。
しかし、嫌いな人のことばかり
繰り返して言う人には気をつけたほうがいい。
それは、もう、「嫌い」ではなく、「憎しみ」だから。
憎しみの負の感情は伝染する。
嫌いな人を好きにはなれない。
しかし、憎むまで嫌いになってはいけない。
自分のために。

# 89

人との繋がりについて

## 自分は自分で
## あればいい

たとえば、自分のことを嫌いな人に、
自分のどこが嫌いかと具体的な一つを訊いてみる。
しかし、自分がそれを一つやめたとしても、
次の一つ、もう一つと、
絶対に嫌いなところを指摘してくる。
「感情で嫌い」とはそういうこと。
自分は、その人の奴隷じゃないから、
その人の望む人間になる必要はない。
自分は自分であればいい。

90

人との繋がりについて

# 群れない

仲間はつくれ。しかし、群れるな。
仲間をつくれない者が、
疑似で群れている光景をよく見る。
仲間は、意見や個性が違っても相手を受け入れるけれど、
群れているだけの者はちょっとしたことで喧嘩別れする。
短期間の人間関係しか築けない。
共通の仮想敵をつくることによって、
一瞬群れるだけだから。
本当の仲間じゃないから、
人間関係を維持する努力ができない。
相手の幸せを願えたら仲間だと思う。

91

人との繫がりについて

# 魅力的な場所が
# 自分の居場所とは限らない

「ここは、自分の居場所ではない」と感じる場所がある。
その場所にいる時も異常に疲れるし、
あとになっても異常に疲れが残る。
とても魅力的な場所に見えたとしても、
そこは自分の居場所ではないんだよね。
自分の居場所を見つけるのは、とても大事なこと。
根無し草は、自由なようでいて寂しいよ。

92

人との繋がりについて

# 孤立しない

孤独の時間は必要なんだけどね、
誰かとの時間はもっと必要。
その誰かが多ければ、
深刻化しない問題っていっぱいある。
助けられる相手がいる、
甘えられる相手がいる、
愚痴を聞いてもらえる相手がいると、
孤立する可能性が減る。
孤独と孤立は違う。

# 93

人との繋がりについて

## 相手のルーチンを乱さない

人に頼みごとや、お願いごとをする時に
気をつけることがある。
それは、その人のルーチンを
乱さないタイミングでお願いすること。
自分のルーチンを乱されるのは、
思いのほか嫌なものである。
その人のルーチンを乱さなければ
叶えてもらう確率が高くなる。
ちょっとした人付き合いのコツだけど、効果的です。

94

人との繋がりについて

# 人に期待しすぎず、失望しすぎず

好きな人の中にも、
「あれっ?」と感じる短所があり、
嫌いな人の中にも、
「おっ?」というような長所があるものです。
全部が自分の思い通りの人などいません。
その一部がその人を代表することではないなと思います。
今日も、人に期待しすぎず、失望しすぎず。

95

人との繋がりについて

# すべて敵だと分類しない

自分と違う意見を持つ人は、
すべて「敵」だと分類して、
攻撃する人が理解できない。
あることに対しては違う意見かもしれないが、
その人の属性や性格や出自などにまで遡って
頭が悪いだのと個人攻撃する。
違う意見を持つ人は、敵ではないよ。
ただの、意見の違う人。
ただそれだけのこと。

# 恥をかかせない

人に恥をかかせようという風潮が酷すぎる。

ネットでも、テレビでも、雑誌でも、
あらゆる媒体で、とにかく人に恥をかかせたい。

「人に恥をかかせない」

「人に恥をかかせるものから離れる」

と決めて生きるだけでも、自分の生活が美しくなる。

人に恥をかかせるほど自分は偉くないからね。

97

人との繋がりについて

# いじめてはいけないという
# ルールを理解させる

結局、いじめとは、
いじめる者が悪であるとか、
いじめられる者にも非があると言っても何も解決せず、
「たとえ、いじめられる側に非があったとしても、
いじめていい理由には決してならない」
というルールを子どもに理解させることが
いちばん有効なのではないかと思う。

# 98

人との繋がりについて

## 相手に興味を持ってもらうために

ネットなどの媒体を見ていると、
「モテるための○○」とか、
「嫌われないための○○」みたいな記事があるけれど、
とどのつまりは、
「相手に興味を持ってもらう」ということなんだよね。
そして、その答えを自分はもう持っている。
自分が、どういう人間に興味を持つのかと
考えればいいだけ。

## 99

人との繋がりについて

# どす黒い感情を
# 素直な感情に

あの人が羨ましい、
と素直に言えなかった感情って、
どす黒い感情に変わるよね。
ああ、自分も、あんなふうになれたらいいなあって
素直に思えるようになったら、
その素敵な人に
一歩近づけたということだと思う。

100

人との繋がりについて

# 人のふりを受け入れる

若い頃は、ふりをする人間が嫌いだった。
やさしいふり、賢いふり、強いふり。
偽物だと思っていた。
自分を棚に上げてそう思っていた。
今は違う。
やさしくあろうと、賢くあろうと、強くあろうと
一瞬一瞬努力している人たちだった。
人のふりを受け入れる時が、
自分のふりも赦せる時だ。

101

人との繋がりについて

# 強いふり

僕が小学生の頃、
お爺さん先生に「先生の名前、女の人みたいだ！」と、
ふざけて囃し立てたら、
「大人だからといって傷つかないわけじゃないっ」と、
語気を強めて怒られたことがある。
八十を過ぎた今ならよくわかる。
大人になっても、老人になっても傷つくよ。
子どもみたいに。
強いふりがうまくなっただけ。

# 102

人との繋がりについて

## 他人に対して
## 潔癖症にならないように

「人にばれたくない」ことって誰にでもあるけれど、
まあ、大体ばれてるよね。
ばれているけれど、それをあえて指摘しないやさしさか、
それでもいいよと思って受け入れてくれているか。
お互いさま、お互いさま。
他人に対して潔癖症にならないように。

# 103

人との繋がりについて

# 他人のことを自分の
# 思い通りになんてできやしない

自分自身のことでさえ
コントロールできないことは多いでしょう？
ましてや、他人のことを自分の思い通りになんて
できやしないんだということを前提に、
人付き合いをする。
結局、人間関係をより良くするためには、
自分で気づき、反省して、
行動に移すという方法しかないというのが
僕の人生の結論です。

104

人との繋がりについて

# 他者の影響を反面教師にし、貪欲に学ぶ

生まれてからずっと、
誰かの影響を受け続けて生きる。
だから、誰の影響を受けて生きるのか、
一瞬一瞬選ばなくてはならない。
影響を受けたくない者と
一緒にいなくてはならない時は反面教師にすればいい。
そして、良い影響を与えてくれる者からは貪欲に学ぶ。
自分の意志と他者からの影響で己が定まる。

# Ⅳ

# 思考と行動について

## 自分の役割はもっと自由でいい

105

思考と行動について

# うろたえない

「うろたえない」と決めるのだ。
何かが起こるたびにうろたえていては、
精神が安定しない。
うろたえると、判断を誤る。
いちいちうろたえないと決める。
なるようにしかならないのだから。
それだけで、人生を恐れることが減る。

106

思考と行動について

# 自分の役割を決めつけない

「自分の役割を決めつけない」って、大事なこと。
自分の役割を決めつけて、
がんじがらめになって苦しむ人は多い。
ある時は助ける人だけど、ある時は救われる人。
ある時は教える人でも、ある時は学ぶ人。
ある時は厳しい人だけど、ある時は甘えたい人。
そんなふうに自分の役割はもっと自由でいい。

107

思考と行動について

# 「どうにもならないこと」は絶対にある

「どうにもならないこと」は絶対にある。
そのどうにもならないことに
心を注いでも仕方がない。
やるべきことは「どうにかなること」なのだ。
どうにかなることをやり続けると、
どうにもならなかったことが、
どうにかできるようになる。
だから、僕は「今」できることを「今日」やります。

# 不安を寄せつける隙をつくらない

よく考えることはとても大事なことだが、
考えても仕方のないことは、僕は考えない。
考えすぎは、余計な不安を招くから。
起きてもいない不安で自分を縛るのをやめるのだ。
今日は、ちゃんと考え、ちゃんと行動し、
不安を寄せつける隙を自分につくらない一日を送ります。

# 109

思考と行動について

## 楽観的な時に
## 考えるのをやめる

考えるのをやめた時が、自分の結論になる。
だから、精神的にしんどい時は、
そのしんどい時に考えをやめるのではなく、
なんでもいいから、
とにかく少しでも楽観的な気持ちになった時に
考えるのをやめて、
とりあえずそれを結論とする。
このコツを身につけると、ずいぶんと楽ですよ。

# リラックスすると、人は強くなる

「リラックスして生きる」が、
僕の大切な生きるためのコツ。
そりゃあ、苦しいこと、しんどいこと、
面倒くさいことはたくさんあるのだが、
リラックスして生きるのだと決めると、
スッと気持ちが楽になる。
イライラ、キリキリ、悩んでばかりで生きるには、
人生は長すぎる。
リラックスすると、人は強くなる。

# 主語を大きくしない

どんな場合も、自分が発言する時は、
主語は小さいほうがいい。
日本はとか、マスコミはとか、政治家はとか、
一括りにするには主語が大きすぎる。
僕は、僕らではなく、誰の代表でもなければ、
他人の意見を代弁できるもんじゃない。
主語が大きい人の発言には気をつけるべき。

112

思考と行動について

# 矛盾しながら生きる

たまに、「言っていることが矛盾していますよね」
というような皮肉の返事が来るのだが、
当たり前じゃないか！
好きな人と嫌いな人に
同じ態度をとる必要性がどこにあるというのか？
「矛盾しながら生きる」のが当たり前。
人に対して潔癖症になるな。

## 113

思考と行動について

# ストレスフルに効く薬

すごくストレスフルな時、解決方法が二つある。
1「人と係わってはじける！」
2「引きこもって孤独を楽しむ」
両方とも良い薬であるが、
ずっとどちらか一方を選び続けると重い副作用がある。
使いわけてください。

114

思考と行動について

# 陽の習慣を持つ

しんどいことや、イライラすることや、
嫌なことがあった時、
絶対にやってはいけないことを決めている。
たとえば、酒を飲みすぎたり、誰かを攻撃したり、
あとからより自己嫌悪に陥りそうなこと。
負の感情が湧いた時は、
これをするという陽の「習慣」を持つといいよ。
僕は掃除をするか、
会いたい人に会いに行くと決めてます。

# 115

思考と行動について

# 一日に一つだけ知識を得る

知識があるから、これは良いものだと判断できる喜び。
逆に、あっ！　これは良いものだと感じてから、
勉強して知識を得る喜び。
どちらにせよ知識が深まるのは楽しいことです。
僕は、一日に一つだけ知識を得ようと決めています。
十年たてば３６５０個の知識。
今日も知識を一つ得ます。

116

思考と行動について

# 何も知らないことを自覚する

色々なことを知れば知るほど、勉強をすればするほど、
自分って何も知らないなって自覚できるし、
自分の世界が広がれば広がるほど、
自分の世界は狭かったなって自覚できる。

# 「怒り」はとっておく

「怒り」は大事な時のためにとっておくのだ。
いつも怒ってばかりいる者は、
本気で怒らないといけない時に、
「ああ、またいつものか」と流される。
滅多に怒らない者の怒りは
いつも怒っている者の怒りの
何十倍、何百倍も威力がある。

# 118

思考と行動について

## 変な期待はさっさと裏切る

誰か「そんな人だとは思わなかった」

僕　「君がかけている色眼鏡の色なんか知るかっ」

人生だいたい、こんな感じです。

人からの変な期待などさっさと裏切って、

自分は自分の人生を送る。

# 119

思考と行動について

## 正直者という名の加害者になるな

嘘の量の少ない人が、
軽やかでやさしい人生を送れるのだけれど、
馬鹿正直は時に人を傷つける。
正直にはなりたいけれど、上に馬鹿がついてはだめ。
なんでもかんでも相手に伝えるのは、
自分は正直者だという名の、加害者になることがある。
誰かを傷つけないために、
沈黙を選ぶ手だってあるのだから。

120

思考と行動について

# 被害妄想に囚われない

「被害妄想を持つのをやめる」というのは、
人生を生きる大切なコツ。
実際に被害にあい、
そのことと闘うというのは必要なことだけれど、
もう、妄想の域に入っている人って多いなと感じる。
被害は運命だけれど、
被害と闘うことは運命を切り拓くということ。
被害「妄想」に囚われて、運命に屈してはならない。

# 121

思考と行動について

## 僕が昔うつ状態だった時に、必死で自分に言い聞かせたこと

「とにかく布団から出ろ、
顔を洗え、
歯を磨け、
身だしなみを整えろ。
たとえ外に出られなくても、
たとえ誰にも会えなくても」

# どん底

今、「これ以上、悪いことが起こりませんように」
と願える人は、実は大丈夫。
今が、どん底だから。
あとは、上がるしかないから。

# 一時、現実逃避する

現実逃避することは大事だと思う。
ネガティブな意味で使われることが多いけれど、
このつらい現実にだけ目を向けて
生きていけるかよと思う。
生きている限り現実から逃げることはできないのだから、
一時、逃避できるのならむしろするべき。
そこで、心を一新して、また現実と闘えばいいのだ。

# 124

思考と行動について

## 自分の時間で頑張る

毎日毎日忙しいけれど、
マイペースで生きることは、とても大事なことです。
相手の時間にも合わせなくてはいけないけれど、
基本は、「マイペース」。
マイペースがいちばん
人生の質も仕事の質も良くなります。
今日も、自分の時間で頑張ります。

# 体調管理

体調が悪い時にきちんと休むのが、「体調管理」。
体調管理が悪いから、休むわけではないと
何回言ったら日本の会社はわかってくれるのか？

# 126

思考と行動について

## 有名なギャンブラーの名言

「テーブルを見渡してみろ。

もしカモが見当たらなかったら、席を立て。

お前がカモだ」

# 「2・6・2」の法則

僕は、人間関係において
「2・6・2」の法則を持っている。
何があっても自分の味方が2割、
何があっても自分の敵が2割、
時と場合によってはどちらにでも変わる人が6割。
ここで大事なのは、
敵の2割と理解し合おうなどと無駄な努力をせず
「人間であること以外は
なんの共通点もない」と割り切ること。

128

思考と行動について

# 大人の定義

僕は、大人の定義として
「人を傷つけることもあるし、傷つけられることもある」

ということを理解している人だと思っている。

そしてまた、

「誰かを赦し、自分が誰かに赦されている」

ということを理解している人だと思う。

# 129

思考と行動について

## 人生の質は、習慣で決まる

逃げ出すことがあっても良い、
それが習慣にならなければ。
あきらめることがあっても良い、
それが習慣にならなければ。
嘘をつくことがあっても良い、
それが習慣にならなければ。
「習慣」になるというのは恐ろしいこと。
そして、良いことは、どんどん習慣にする。
人生の質は、習慣で決まる。

V

# 生きることについて

## 言い訳する人生はもうやめた

# 130

生きることについて

## 自分の失敗は、すべて自分の決断

人生で後悔していることは
「自分で決断しなかったこと」ばかりなんだよ。
失敗しても、自分が決断した失敗は納得ができる。
最悪なのは、誰かのせいで失敗したと思うこと。
失敗したことの納得感があれば次に進めるのだが、
失敗を人のせいにしている間は次に進めない。
結局、自分の失敗は、すべて自分の決断。

131

生きることについて

# 「人のせい」ではなく「自分のおかげ」

「人のせいにしない」で生きていくのは、
できそうでいてなかなかできない。
うまくいかないことは、
やっぱり心のどこかで誰かを悪者にしている。
でも、それをやめると、心がスッとする。
心が洗われる気がする。
今日は「人のせい」ではなく、
「自分のおかげ」と思って生活します。

132

生きることについて

# 自分への投資を怠らない

結局、人は自分の中にあるものにしか反応できない。
「自分への投資」を怠ると、
当然、自分の世界は狭くなる。
その狭い世界を、全世界だと思い込み、
世の中はつまらないと決めつける。
類は友を呼び、ますます世界は狭くなる。
自分への投資とは、
お金がかかるものもあるけれど、
お金じゃないこともたくさんある。

# 133

生きることについて

## 届かない人には
## 無理に届かなくて良い

言葉は、自分の中にあるものにだけ
反応することができる。
だから、反応した言葉が、今のその人のレベルなのだ。
届く人には届くし、
届かない人に無理に届かなくても良い。
届いてほしいと願う人はいるけれど。
そして、届いた言葉も、自分が発したままではなくて、
受け取り手によって変化する。
それで良い。

134

生きることについて

# 一方に傾きっぱなしにならない

自分は、助ける者であり、助けられる者である。
愛する者であり、愛される者である。
表現する者であり、人の表現を楽しむ者である。
人間は、天秤のように
行ったり来たり揺れ続けるものなのだ。
軸がしっかりしていれば大丈夫。
間違っても、どちらか一つの方向に
傾きっぱなしにならないように。

# 積み木

積み木を高く積み上げていくのは、
人生を積み上げていくのに似ている。
ただ漫然と積み上げていたら、
バランスを崩してグラグラといつか倒れる。
何か支柱に寄り添いながら
積み上げていくと崩れない。
人生において、その支柱は他人。

# 「特別な出会いの一日」を見逃さない

今、あなたがすごく大切に思っている人と
出会った日がありましたよね。
あなたの生涯の伴侶や、友や、敵《ライバル》とも、
出会った一日があった。
また新しい大切な人と出会う日が今日かもしれません。
まだ出会っていない出会うべき人に、
今日、出会うかもしれないと思うと
嬉しくなりませんか?
なんの変わりばえのしない日々の中に、
すごい一日があるんだよ。
誰と出会うかで人生は決まります。
「特別な出会いの一日」を見逃さないように。

# 補われている

自分に欠けていることはたくさんある。
しかし、他のことでちゃんと補われている。
間違いなく。

138

生きることについて

# 負けを理解する

「勝ち勝ち勝ち」、「成功成功成功」の人生はない。
勝ちや成功を理解することは簡単だが、
人生の原点は、負けを理解することだ。
負けを受け入れられないと、次の一歩が踏み出せない。
負けたっていい、次に勝てばいいんだから。

# 139

生きることについて

## 成功も失敗も
## 他人と同じ

自分のしたような失敗など、
他人もいっぱい犯しているし、
自分の成功など、他人もいっぱいしている。
失敗する時もあるし、成功することもある。
どちらも所詮、他人と同じなので、
成功したら素直に喜び、
失敗してもむやみに落ち込みすぎないこと。

140

生きることについて

# 魂を感じる

長い人生で心を病むことは必ずある。
最近、若い人たちと話していて、
自分にその傾向があるという人が多い。
僕もそういう頃があった。
年をとってからもあった。でも、こう考えた。
「今、僕は魂を失いそうだけれど、
それはまだ魂があるってことだ」と。
今は、その経験は僕の人生に必要なことだったと思える。

141

生きることについて

# ペース配分を間違えない

人生いつまで頑張り続けなくてはいけないのか?
しんどいなあと思いながら生きている人は
多いと思いますが、
その答えは「死ぬまで」です。
死ぬまで頑張り続けなくてはいけないのです。
だからこそ、生きるためのペース配分が必要なのです。
手を抜くところや、休み時を間違えると、
死ぬまで頑張れません。

本当に、無理な時は約束を守ることないんだよ。
少しでも頑張れそうな時に少し頑張ることで、
一歩一歩が回復に繋がるのだから。
無理に頑張ることなんかじゃない、
もし行けそうだったら、一緒に行こうね。
気楽にね。

# 142

生きることについて

## 無理に頑張らない。気楽にね

ずっと引きこもっていて、
精神的に弱っているジャズ仲間から、
「何かいいライブはないですか？」と連絡があった。
これは、一緒に出掛けたいという誘いだと思い
レストランとライブを予約した。
それからずっと連絡がなくて、
「無理しなくていいよ、
出てこれそうだったら行きましょう」と伝えたら、
「行けると思います。頑張ります」と連絡があった。

# 自分の可能性を信じる

生きづらいと思う時や、行き詰まっている時は、
自分が自分の可能性を信じられていない時なんだよね。
年齢は関係ない。
自分の可能性を信じた時が、停滞を破り成長の時。
さて、今日も、自分の可能性を信じて生きてみます。

144

生きることについて

# 手持ちのカード

人生に詰む時って、

何もかもが一気に詰んでしまう。

だから、普段から、

手持ちのカードは分散して持っていたほうがいい。

人間関係のカード、

仕事のカード、

趣味のカード、

努力すればどうにかなることのカード、

というふうに。

このカードは使えないけど、

他にも手はある状態にしておかないと

一気にゲーム終了してしまうから。

145

生きることについて

# 急ぎすぎず、
# のんびりしすぎず

アクセル、ブレーキ、車間距離。
周りを見渡して、
自分がどこを走っているのか状況を知る。
急ぎすぎず、のんびりしすぎず。
車の運転の話みたいだけど、
人の心の話でもある。

# 146

生きることについて

## 歪にならない

私以外の人と付き合ってもいいのよと言う女性は、
実はとても嫉妬深かったし、
ただでもいいから働かせてくれと言った男性は
休んでばかりいた。
私だけを愛してね、給料分一生懸命働きます、
というのが正しい。
歪な問いには歪な答えしか出ないし、
歪な行動にはいつも歪な結果が待っている。

147

生きることについて

# 誰のせいでもないと上手にあきらめる

「誰のせいでもない」

何か問題や嫌なことがあった時、
自分のせいか、他人のせいの二者択一ではなく、
誰のせいでもないこともあると
三番目の選択肢をつくって上手にあきらめるのは、
少しでも楽に生きる人生のコツ。
実際に、そういうことはたくさんある。

148

生きることについて

# 目指す人のことを知る

僕は、マイペースがいちばん
人生の質も仕事の質も良くなると思っているのですが、
時には、自分の目指す人や尊敬する人が、
自分と同じ年に何をしていたか、
何を成し遂げていたかを知るのは、
とても良い刺激になるし参考になります。

# 149

生きることについて

## 自らを辱めざらん

自らを辱めざらんこと。
そして、誰かが、あなたを辱めようとしても、
あなたの許可なしにあなたのことを
勝手に辱めることはできないのだ。
自分自身も、相手が誰であっても、
決して我を辱めることはできないのだと心に誓う朝。

# 生きること

自分が自分として生きることに、
誰の許可もいらない。

151

生きることについて

# 自分の人生を生きることが最大の復讐

なんかね、
人を嫌ったり、非難したりすることを
自分に与えられた特権だと信じている人っているんだよ。
君に嫌われようが、非難されようが、
こっちは痛くも痒くもない。
「無責任に自分を嫌ってくる者に、
責任を持って自分が心を痛める必要はない」
そして、人を嫌ったり、非難したり、
裏切ったりする者は、
相手を傷つけるのが目的なのだから、
自分がそれに深く心を痛めたりしたら相手の思うつぼ。
自分に害を与えた者が悔しくなるぐらいに、
軽やかに充実した自分の人生を生きることが、
最大の復讐。

152

生きることについて

# どれだけ
# 愛されて育ったか

人をいじめる人って、
「育ちが悪い人」の証なんだよ。
ちなみに、僕の「育ちの善し悪し」の定義は、
「厳しく躾けられたとか、学歴や職業なんかではなく、
結局は、どれだけ親や周りの人に
愛されて育ったのかということ」
だと思うのです。

153

生きることについて

# 普通の人であり続ける

「昔の俺悪かった自慢」にすごく腹が立つ。
「今は真面目に更生しています」と言われても、
心や体に傷を負った被害者がいるという事実。
もしかしたら被害者の人生さえ変えたかもしれない。
「昔の俺頑張った自慢」はいくらでも聞く。
しかし、「昔の俺悪かった自慢」をする者には
近づいてはだめだ。僕の経験からして。
確かに、昔の悪かった自分が変わったのは
良いことだろう。
しかし、いちばんすごいのは、
ずっと人にやさしく誠実だった人なのだ。
普通の人であり続けることのすごさ。
本当に昔の自分を恥じるのなら、
悪かった自慢なんてできないだろう。

# 魅力

「人として魅力がない人」というのは、
「人として魅力的であろうということを
放棄した人」です。

# 155

生きることについて

## 敵《ライバル》になれ

若い人の相談にのっていたら、
彼が「○○のことを恨んでいる」と言う。
恨んでいるということは、
その相手にすでに負けているということ。
「その人に勝てるかどうかは君次第だが、
せめて『敵《ライバル》』になれ」と答えた。
穏やかな人生も大事だが、
敵《ライバル》のいない人生なんて存在しないよ。

# 156

生きることについて

## 自分の思い通りの時間が
## 自分の慰めになる

八十二年間生きて、
自分が自分らしく心から楽しい時間というものは、
意外に少ないと思う。
だから、調子に乗れる時は、
思いっきり調子に乗ればいいし、
馬鹿をやれる時は
思いっきり馬鹿をやればいい。
なんの憂いもない自分の思い通りの時間というものは、
そうでない時の自分の慰めになるからね。

# 157

生きることについて

## 心に穴を開けて
## 汚れを吐き出す

心が安定している時は、
自分の中をきれいな水がさらさらと流れている。
安定していない時は、
水の流れが停滞し淀んでいる感じがする。
そういう時は、
どうにか一箇所だけでも心に穴を開けて、
汚れた水を吐き出して
新しいきれいな水が流れ込むイメージを持つと
気持ちが楽になる。

# 158

生きることについて

# 「雑」に生きるのはしんどい

丁寧に暮らしたほうがとても楽で、
雑に暮らしたほうがとてもしんどい。
逆に思っている人は多いけれど、
「雑」に生きるのはしんどいものなのだ。
雑な生活、雑な人間関係、雑な仕事。
精神的にも、肉体的にも、とても疲れる。
結局は「丁寧」がいちばん楽なのだ。

# 一流と二流

たとえば、文学が一流で、漫画が二流なのではない。
文学の中に一流と二流があり、
漫画の中に一流と二流があるのだ。
人もそう。
誰かが一流で、自分が二流などということはない。
自分の中に、誰かの中に、
一流なところと二流なところがある。

# 忘れて大丈夫

今日起こったつまんないこと、
五年後も十年後も憶えていますか？
どうせ忘れてしまうのだから、
今日忘れても大丈夫。

161

生きることについて

# 恥にこだわらない

絶対に、人生で恥をかくことはある。
たくさんある。
しかし、恥をかくことを覚悟した人間は強いよ。
そして、もう、かいてしまった恥に
こだわらないと決めた人間は、
もっと強いよ。

162

生きることについて

# つらい記憶は「出来事だけの記憶」にする

僕は、楽しかったことのみ
「感情の記憶」とするようにしている。
つらかった記憶は、
「出来事だけの記憶」にしようと決めている。
つらい感情の記憶を積み重ねていくと人生が楽しくない。
人生が楽しくないと人を憎み始める。
そんな人生、嫌だしね。

163

生きることについて

# 考えすぎない

生きるうえで「考える」ことは必要だけれど、
「考えすぎ」はやめるべきこと。
考えすぎる人の特徴は、「ネガティブ思考」。
考えることと、考えすぎることで、同じ答えは出ない。
ポジティブな答えが思い浮かんだときに
考えることを、いったんやめることが、
考えすぎないコツ。

164

生きることについて

# 過去の自分に聞いてみる

子どもの頃の自分は、
今の自分を赦してくれるだろうか。
二十歳の時の自分は、三十歳の時の自分は、
今の自分を赦してくれるだろうか。
過去の自分が、
今の自分を赦してくれないと感じるのなら、
今すぐ変わりなさいというサインだ。

165

生きることについて

# すっきり生きる

言い訳する人生は、もうやめた。
後悔する人生も、もうやめた。
この二つをやめると、
人生はずいぶんとすっきりします。
言い訳や後悔で、
今や未来が良いほうに変わるわけでもないですし。
今日も、すっきりと生きたいと思います。

# 人生を恐れない

「こんなはずじゃなかった」
人生はこれの連続です。
どんなに注意深く生きていても、
自分を見失うこともあれば、
もらい事故みたいなことだってある。
「こんなはずじゃなかった」は、
自分が思うよりも多い。
しかし、リカバリーするチャンスは、
自分次第でいくらでもあるよ。
人生を恐れないこと。

# スタートとゴール

志望校入学がゴールじゃないし、
いい会社に入社がゴールじゃないし、
結婚がゴールじゃない。
それが、ようやく、スタート地点。
ゴールは最期。

# 齢に縛られない

齢に縛られないこと。
何歳であろうとかまわない。
「年齢はただの数字」だと思っている。
何歳でも、今がハッピーならそれで良い。
何歳になったからと
自信をなくさないことが大事だなあと
しみじみ思う八十二歳の今日この頃。

# 老後

ネットで見た言葉。
「老後のためといって、
なんでも我慢する人生なんて、
すでに老後を送ってるようなもんだよ 」
本当にそう思う。名言。

# 年を重ねることを恐れない

いいことは、人生の後半にもちゃんと用意されています。若い頃だけが楽しいことばかりではありません。勘違いして、年寄りになることを恐れている若い人も多いけれど、心配いりません。大丈夫。

# 余裕を持つこと

「余裕を持つこと」。
これが生きていくうえでいちばん大事なこと。
余裕がないと、追い詰められて
問題が深刻になるばかりで
穏やかに暮らせない。
世の中の問題の大半は
余裕がないところからきていると感じる。
さて、今日も余裕を持つことを心して生きてみます。

# Ⅵ

# 前に進むことについて

## いっそやってしまったほうが楽

# 172

前に進むことについて

## 恐れるな、行動せよ

生きる目的なんて考えているうちにも
人生の時間は流れていくし、
老いが怖いと恐れている間にも
老いに近づいている。
そんな、真っ暗闇で黒猫を探すような時間
そのものがもったいない。
恐れるな、行動せよ。

# 173

前に進むことについて

## チャンスは存在し続ける

生きていれば、色々なものを失っていく。
人やもの、時間や心や記憶。
しかし心配はいらない。
失った以上のものをまた獲得すればいいだけのこと。
世界は存在し続け、チャンスもまた存在し続ける。

174

前に進むことについて

# 受け入れて、覚悟して前に進む

「覚悟」を決めるということ。
そのためには、事実は事実として、
あるがままを受け入れるということです。
現実に起こっていることは変えられませんが、
あるがままを受け入れて、
覚悟して前に進むことはできます。

# やるんだ

なぜ自分はやらなかったのかということを、
自己否定し、言い訳をし、
時間をかけ、相手を説得するよりも、
いっそのことやってしまうことのほうが、
心も体も楽。
やるんだ。

# 176

前に進むことについて

## 「苦労」と「努力」を混同しない

「苦労」と「努力」を混同していませんか？
見わけ方は、自分が成長しているのが「努力」で、
消耗しているのが「苦労」です。
世の中のずるい人は、
「苦労」を「努力」だと言い換えて、
あなたの心も体も消費させるので、
気をつけること。

177

前に進むことについて

# 師のその先を目指す

自分が尊敬し、影響を受けた人がいても、
その人を目指してはいけない。
その人自身が何を目指し、何に影響を受け、
何を見ていたのかを知るのだ。
そうでなければ、その人を超えることはできない。
「師が目指していたその先を目指せ」ということだ。

# 178



## 自分の地図

人が自分に期待する道と、
自分の行きたい道があるのなら、
自分の道を選ぶこと。
道に迷った時も、
自分の地図でなら前に進める。

# 179

前に進むことについて

## 執着することなく
## 手放す

ため込んだ人生の無駄を手放す時に大事なことは、
「これを手放したら
もう二度と手に入らないものは手放さない」
という基準だ。
頑張れば、そのものかそれ以上のものを
また手に入れられるのであれば
執着することなく手放す。
そう決めると、削ぎ落とされてシンプルになり、
余計な悩みを抱え込まずに済む。

# ガッツリ休む

どうしてもやる気が出ない時に、
無理やり勉強や仕事をしても質も量も低い。
そういう時は、ガッツリ休む。
ガッツリ休んだあとは、ガッツリとやる気が出てくる。
やる時と、休む時の
自分のリズムやタイミングをつかむと、
効率が格段に上がる。

# 機械になる

「あえて、自分は機械になる」
どうしてもこなさないといけないつらい時は、
僕はあえて機械になる。
スイッチを入れて自分を動かす。
そして、スイッチオフで心を取り戻す。
人間らしさを忘れてはだめだけれど、
一時機械になってやり過ごすというのも、
一種の生きるコツ。

# 朝の習慣

「朝、嫌なことを考えない」ことが、
僕の長年の習慣です。
一日の始まりがため息で始まって、
その日が楽しいわけがない。
どんなにしんどいことが待っているような一日でも、
朝ぐらいは安らかに過ごしたいと思います。

183

前に進むことについて

# 考えながら動く

頭だけで考えず、体も動かす。
体を動かすだけではなく、考えながら動く。
この、頭と体のバランスが崩れると、
僕は、心のバランスが崩れます。
皆さんも、頭と体とのバランスを考えながら、
良い一日を。

# 184

前に進むことについて

## 「当たり前」を大切に

前に進めないぐらいしんどい時に
自分を支えてくれるのは、
「当たり前」なんだよね。
当たり前に食べる、当たり前に寝る、当たり前に笑う。
それができないからしんどいんだよ。
当たり前をどうにか続けることで、
しんどさが過ぎるのを待つ。
「当たり前」は何よりも強いよ。

185

前に進むことについて

# ほんのちょっと
# けじめをつける

だらだらするのが癖になると、
どんどん生活が荒れる。
ほんのちょっとした「けじめ」でいいんだよね。
テレビをつけっ放しにしない、
汚れ物をさっさと片づける、
みたいな日常のことから、気持ちの切り替えまで。
要所でけじめをつける癖をつけると、
とてもシンプルに暮らせます。

186

前に進むことについて

# 淡々と

「生き方がわからない」と相談を受けた。
そういう時は、淡々と生活をこなしていくしかない。
生きがいとか、生きる目的とか
そういうことはあえて考えず、
飯、風呂、寝る、掃除、洗濯というように、
自分を機械のように動かす。
そうすると不思議といつか心が戻ってくる。
だらだらがいちばん良くないね。

187

前に進むことについて

# 確実にやる

何かに焦ってあれこれ手を出すよりも、
一点に絞ってじっくりやるほうが結局は効率が良い。
時間のいちばんの節約は、確実にやること。

# 188

前に進むことについて

## 自尊心だけは取り戻せ 1

失った自尊心は、なにがなんでも取り戻せ。
失った金やものならどうにかなる。
しかし、自尊心だけは別だ。
「もういいや」と思ったらそこで終わり。
人生に負け癖がつく。

# 自尊心だけは取り戻せ 2

失った自尊心の取り戻し方を尋ねられたのですが、
自分を否定しないことです。
人と比較しないことです。
「自分はこういう生き方しかできないのだ」と
腹をくくるのです。
「自分は、こういう人間ですけど、何か？」と
時には開き直るのも手です。
とにかく、すべて自分を肯定することが、第一歩です。
もっと具体的に言うと、「情報から遠ざかる」と
いうのも自信や自尊心を取り戻す有効な手段。
必要な、厳選した、最小限の情報にしか触れない。
たとえば、雑誌やネットなども、
普通のことでは売れないから、成功者や、
下には下がいるという両極端な話や画像ばかり。
「情報の暴飲暴食」をやめるのも一つの手。

# 根性論を聞き流す

年長者が
「俺にもできたのだから、お前もやれる」
と言ってきたら、
100％聞き流していいですよ。
意味も根拠もない、ただの根性論だから。

# 191

前に進むことについて

## 才能が伸びるのは
## 根性ではなく情熱

僕は根性論が嫌いだ。
根性で才能は伸びない。
才能が伸びるのは情熱。
根性と情熱を勘違いせず、
少しでも一歩前へ進む。

192

前に進むことについて

# 嫉妬するにも努力がいる

「努力」と「憧れ」の差について思う時がある。
他人に嫉妬できるのは、
その人に近づこうと努力している人で、
努力していない人は憧れで終わるのではないかと。
嫉妬するにも、
自分が努力しているという出場資格がいるのだ。
努力しないでする嫉妬は、すごく歪んだ「執着」になる。

# 193

前に進むことについて

## 夢は分解して叶える

あまりにも高い夢や目標を掲げると、
その高さにやられてしまって
身動きがとれなくなってしまった人をたくさん見てきた。
手の届きそうなぐらいの夢や目標を設定して、
それをクリアできそうになったら、
また次の段階の夢をつくる。
それが、結局はいちばん高い夢に手が届く。
夢は分解して叶えるのだ。

194

前に進むことについて

# 中身をすっ飛ばして考える

僕がある人から学んだ大きな人生哲学があります。
それは「中身をすっ飛ばして考える」の一言です。
汚い部屋は嫌だから掃除する、
美味しいものが食べたいから料理する、
好きだから一緒にいる、
みたいに「原因と結果」だけを単純に考えて、
その中身をうじうじと考えすぎずにまず行動。
まあ、家人ですけどね。

# 195

前に進むことについて

# 人生の正解を
# 知っているかのように生きる

過去の自分の答えが今の自分なので、
若い頃の間違いの正誤が、年をとるとわかる。
わかるのだが、たぶん、もう一度人生をやり直せても、
同じような間違いを起こすのが人間だと思う。
だから、僕は、すでに人生を
もう一回やり直しているように気楽に生きるのだ。
まるで、人生の正解を知っているかのように。

196



# 愛するということ

誰かを愛したという経験が、
損になることはない。
失うものもあるだろうが、
必ず自分を育てる。

# 197

前に進むことについて

## 自分で選び取る

これでいい、じゃなくて、これがいい。
あなたでいい、じゃなくて、あなたがいい。
明日でいい、じゃなくて、今日がいい。
妥協ではなく、自分で選び取る。
今日も、そんな一日を。

198

前に進むことについて

# 「今日も大丈夫」と唱える

朝起きた時、
なんとなく幸せな気分で目が覚めたら十分幸せ。
でも、なんとなく重たい気分で目が覚めた時の特効薬は、
自分を信じることです。
「大丈夫、大丈夫、自分は今日も頑張れる」と唱えます。
今までも、あの日も、あの日も、あの日も
乗り越えてきたのだから、
今日も大丈夫。

199

前に進むことについて

# 「すぎる」のは駄目

すごく好きな人がいたとしても、依存は駄目。
親や子に頼るのもいいけれど、頼りすぎは駄目。
仕事は大事だけれど、仕事だけが生きがいでは駄目。
何事も、「すぎる」のは駄目。
ほどほどよりちょっと多いぐらいが
情熱を持って長く保てるね。

200

前に進むことについて

# 粘着するな、忘れよう

「忘れる」ことは、人間の重要な知恵の一つ。
嫌なことは忘れるし、楽しかったことは忘れない。
嫌いな他人や嫌いなものに対する粘着ほど
見苦しいものはない。

201

前に進むことについて

# 気にしすぎない

人の思惑、人の目を気にしすぎると、
判断力も行動力も弱る。

202

前に進むことについて

# 行き詰まっている時
# 打開策は二つある

人生が行き詰まっている時、
打開策は二つ。
「待つ人」になるか「行く人」になるか。
待つ人になるとは、外に行くことがしんどいので、
好きなコンテンツなどに浸り
ひたすら元気が湧くのを待つ。
行く人とは、世界を変えるために実際に具体的に動く。
今の自分にはどちらが合っているのか
認識することが大事。

# 熟成しない思い出は きっぱり断つ

良い出来事や会話や出会いは、
年々熟成して美味い酒になるような楽しみがある。
そのためには良い原材料が大事で、
悪い出来事や会話や出会いは、
飲めないぐらい不味い酒のようになる。
良い熟成にならないような思い出は、きっぱり断つ。
今日も、将来、
良い酒になるようなことがある一日になりますように。

# 204

前に進むことについて

## 嫌なことは瞬時に過去のものにする

嫌なことがあった時の、
簡単だけど効果的な気分転換術。
パン！　と大きく手をたたく。
その瞬間に、パン！　と鳴った時間は、過去のもの。
大きく深呼吸する。
吐いた息は、過去のもの。
過去は終わった、さあ新しい時間だと
気持ちを切り替える。
どうぞ、試してみてください。

# Ⅶ

# 幸せについて

## それだけで十分

205

幸せについて

# 気持ちのいいことをもっと楽しむ

自分の気持ちのいいことを、もっと楽しんでいいと思う。
人とは素直に話したほうが楽しいし、
学校なんて一日ぐらい休んで
好きな本を読んだっていいし、
カロリーを気にしないで美味しいもの食べたっていいし。
一人で、鬱屈した暗い気持ちを抱え込まないこと。

206

幸せについて

# 一日一回は
# 優雅な時間を持つと決める

どんなに平凡でつまらない日でも、
一日一回は優雅な時間を持つと決めている。
美味しい珈琲屋で一杯でもいいし、
好きな本屋をぶらりでもいいし、
映画を一本観るだけでもいい。
なんのために生きるのかとか、
生きる目的とか大層なことを考えず、
一日に何かいいこと一つだけ。
それだけで十分な日もあるよ。

207

幸せについて

# 考えても答えのない問いに囚われない

考えても答えのない問いに囚われすぎないのだ。
「どうせ死ぬのに、どうして生きなくてはいけないの?」
などと、抽象的な問いが頭に浮かぶ時は、
人は具体的な生活がうまくいかず、自分が弱っている時。
誰もが、楽しんだり、苦しんだり、もがきながら、
生きて死んでいくんだよ。
今までも、これからも。
「どうせ死ぬのに、どうして生きなくてはいけないの?」
という問いに答えはありませんが、
そのことに囚われなくなる方法はあります。
具体的な生活を充実させることです。
当たり前の何気ない日常を、
当たり前にこなしていくことです、
そんな問いが頭に浮かぶ暇がないほど、
人生に楽しみを見つけるのです。

# 208

幸せについて

## 幸せも
## ほどほどがいい

潔癖症の人は、いつも汚れが気になって、
逆に普通の人より汚いことについて考えてしまう。
完璧主義の人もそう。
完璧な人間なんていないから、
完璧を目指すあまりいつも欲求不満。
幸せになりたい人もそうじゃないかな。
幸せを求めすぎるあまり、
身近な小さな幸せに気がつかない。
何事もほどほどがいいね。

209

幸せについて

# 幸せを見出す

「日々の生活から幸せを見出す能力」
これはとても大事な能力です。
「日々の生活から不満ばかりを見出す能力」が
高い人になってはだめです。
人生がつまらなくなってしまいます。
そして、人生がつまらない者は他人を見下し始めます。
他人を見下し始めた時には、
自分自身がすでに手遅れですよ。

# 210

幸せについて

## 人と繋がることは、幸せの始まり

人とは繋がるが、人に干渉はしない。
人と繋がることは、幸せの始まりで、
人に干渉することは、不幸の始まり。

# 幸せ芝居をうまく

どんなに幸せそうに見えようが、
どんなに成功しているように見えようが、
生きるうえで問題を抱えていない人などいないんだよ。
必ず、内に秘めた問題を抱えて生きている。
幸せ芝居がうまい人と、うまくない人がいるだけ。
僕にも色々問題があるけれど、
芝居でもいい、幸せでいたいと思う。

212

幸せについて

# 現時点でハッピーなほうを選べばいい

結果的にどっちがハッピーなのかなんてわからない。
現時点で、ハッピーなほうを選べばいいよということ。
自分は、もっと自由に生きてもいいんだよということを、
人は何度も忘れる。

213

幸せについて

# 何か一つ美しくする

生活を美しくするのは、意外に簡単なこと。
何か一つ美しくすると、
それに引っ張られて周りが美しくなる。
今日は、石鹸置きを新しくしました。
そうすると洗面所周りもきれいにしたくなります。
丁寧な生活とは、そういう小さなコツの積み重ねです。

# 本物のお洒落

きれいな言葉遣い、
姿勢の良さ、
本物の笑顔、
清潔さ。
本物のお洒落は、
本当にお金がかからない。

215

幸せについて

# パートナーをつくる

グループをつくれとも、チームをつくれとも言わない。
ただ、パートナーはつくるのだ。
できれば、自分にない才能を持った友を。
それだけで、人生が軽やかになる。

# 216

幸せについて

## 友人は
## 二人いればいい

究極に友人を二人選べと言われたら、
自分を高みに導いてくれる人と、
自分をほっと安らげてくれる人、
二人でいい。
友達を増やすのは、その二人を得てからのこと。
まずは、この二人。
大事なのは、その友人に
高みと安らぎを
自分が与えられる人でありたいと願うこと。

217

幸せについて

# 自分とは違うところを見ていてくれる人がいい

伴侶や恋人って、同じ道を歩きながらも、
自分と違うことを見てくれていて、
自分が空を見ている時は
地面に咲く花を教えてくれたりする人がいい。
あくまでも同じ道を歩きながら、
自分とは違うところを見ていてくれる人。
その人がいてくれるおかげで、
人生により多くの目を持つことができる。

218

幸せについて

# 恋愛や結婚の条件

恋愛や結婚の条件に、
年収や容姿や学歴を求めるのは
もっともなことなんだけど、
美味しいものを食べたら、
あの人にも食べさせたいなあとか、
きれいな景色を見たら、
あの人にも見せたいなあとか、
やさしい言葉のキャッチボールが
できそうだなあとか、
そう思える条件ぐらいのほうがずっとうまくいく。

219

幸せについて

# お金のために仕事に縛られない

仕事でお金を稼ぐということは、
自由を手に入れるということなんだと思う。
お金のために仕事に縛られると考えるのではなく、
自由を手に入れるために仕事をすると考えると、
仕事のしんどさが減る。
仕事そのものが好きであれば、
それに越したことはないが、
お金を稼ぐことで
人生の選択肢を増やすことができる。

# 220

幸せについて

## 無駄が人生を豊かにする

かつてあんなに好きだったものが、
あまりピンとこなくなり興味を失うことがある。
それに費やした時間やお金を考えると唖然とするが、
それは自分が次の段階へ上がったのだと喜ぶことなのだ。
無駄が人生を豊かにすることは多い。
皮肉なことに、この世でたいして役に立たないものが、
最も楽しいものだったりする。

221

幸せについて

# 招きたいことを思う

「思えば招く、招きたくないことは思うな」
今日も、招きたいことを思う
一日にしたいと思います。

# 日向と日陰

自分の中に、日向と日陰がある。
どんな人にも両方ある。
ずっと日向の場所にいたいけれど、
日陰どころか闇にいたりする。
心がザワザワする。
しかし、心配はいらない。
自分次第で、陽だまりみたいな場所に行ける。
だって、自分の中にあるのだから。
今日は日陰でも、明日は日向。

# 気にしない

「気にしない能力」を身につけるのだ。
他人や世間がいつも何かを言ってきても、
それをいちいち気にしない。
特に、気にしても仕方のないことで
落ち込まないと覚悟する。
自分は自分。
良いところだってたくさんある。
気にするのは良いところだけで十分。
気にしない、気にしない。

# 犠牲

はっきり言ってしまおうか。
コンビニが24時間開いていなくてもいい。
ネットで夜頼んだものが翌日届かなくてもいい。
旅に出るのに、最短で着かなくてもいい。
誰かが、夜ぐっすり寝て
朝すっきり起きることを犠牲にして、
世界が動かなくてもいい。

225



# 眠る前に嫌なことを考えない

寝る前に一言。
僕は「寝る」ことで、気持ちをリセットさせます。
昼間でも、嫌なことがあれば一眠りします。
少し気持ちが切り替わります。
良い寝起きのコツは、
「眠る前に嫌なことを考えないこと」。
眠りという人生最高の楽しみに
嫌なことを連れていってはいけません。
おやすみなさい。
また明日。

デザイン　漆原悠一（tento）
イラスト　Noritake
校正　東京出版サービスセンター

小池一夫（こいけ・かずお）

1936年、秋田県生まれの82歳。
漫画作家、小説家、脚本家、作詞家。
2010年3月からTwitter（@koikekazuo）を始める。
2018年9月現在、フォロワー数は83万人を超える。
著書に『ふりまわされない。』（ポプラ社）、
『人生の結論』（朝日新書）などがある。

# だめなら逃げてみる
## 自分を休める225の言葉

2018年10月10日　第1刷発行
2019年 5 月18日　第9刷

著者　小池一夫
発行者　千葉 均
編集　村上峻亮
発行所　株式会社ポプラ社
〒102-8519 東京都千代田区麹町4-2-6
電話 03-5877-8109（営業）｜03-5877-8112（編集）
一般書事業局ホームページ　www.webasta.jp
印刷・製本　大日本印刷株式会社


N.D.C. 159/255P/16cm　ISBN978-4-591-16006-0



P8008216